Simon Tofield

Simons Katze

Simon Tofield

Simons Katze

Bloß nicht zum Tierarzt

...und andere Katz-astrophen

GOLDMANN

Die britische Originalausgabe erschien 2015 unter dem Titel
»Simon's Cat – Off to the Vet« bei Canongate Books Ltd., Edinburgh.

Verlagsgruppe Random House FSC-DEU-0100
Für dieses Buch wurde das FSC®-zertifizierte Papier
Tauro Offset verwendet.

1. Auflage
Copyright für alle Illustrationen © Simon Tofield 2015
Copyright © dieser Ausgabe 2015
by Wilhelm Goldmann Verlag, München, in der Verlagsgruppe Random House GmbH
Umschlaggestaltung: UNO Werbeagentur, München
Umschlagabbildung: Simon Tofield
Druck und Bindung: Tesinska Tiskarna, Cesky Tesin
Printed in the Czech Republic
ISBN 978-3-442-31404-1
www.goldmann-verlag.de

Für meinen kleinen James

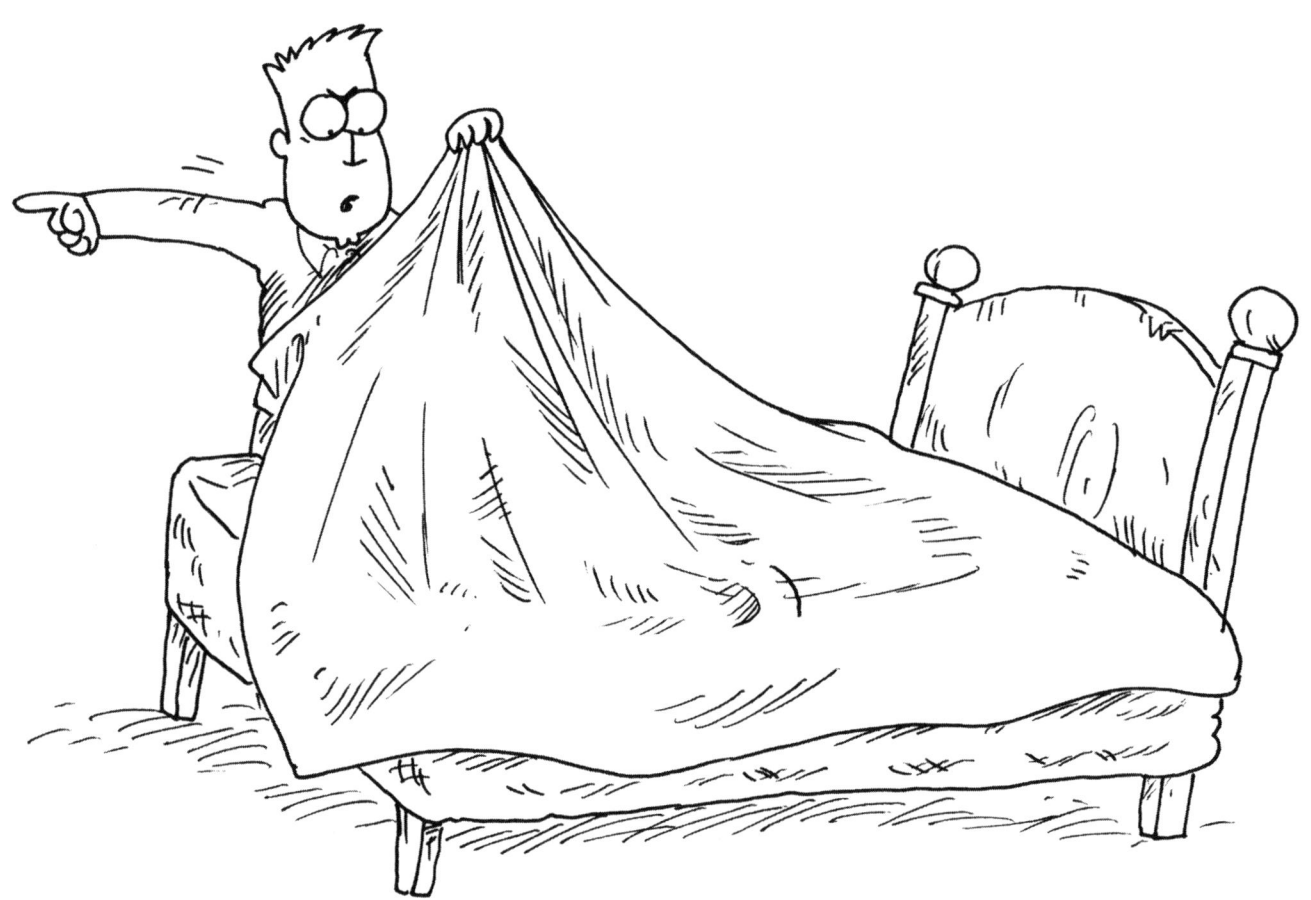

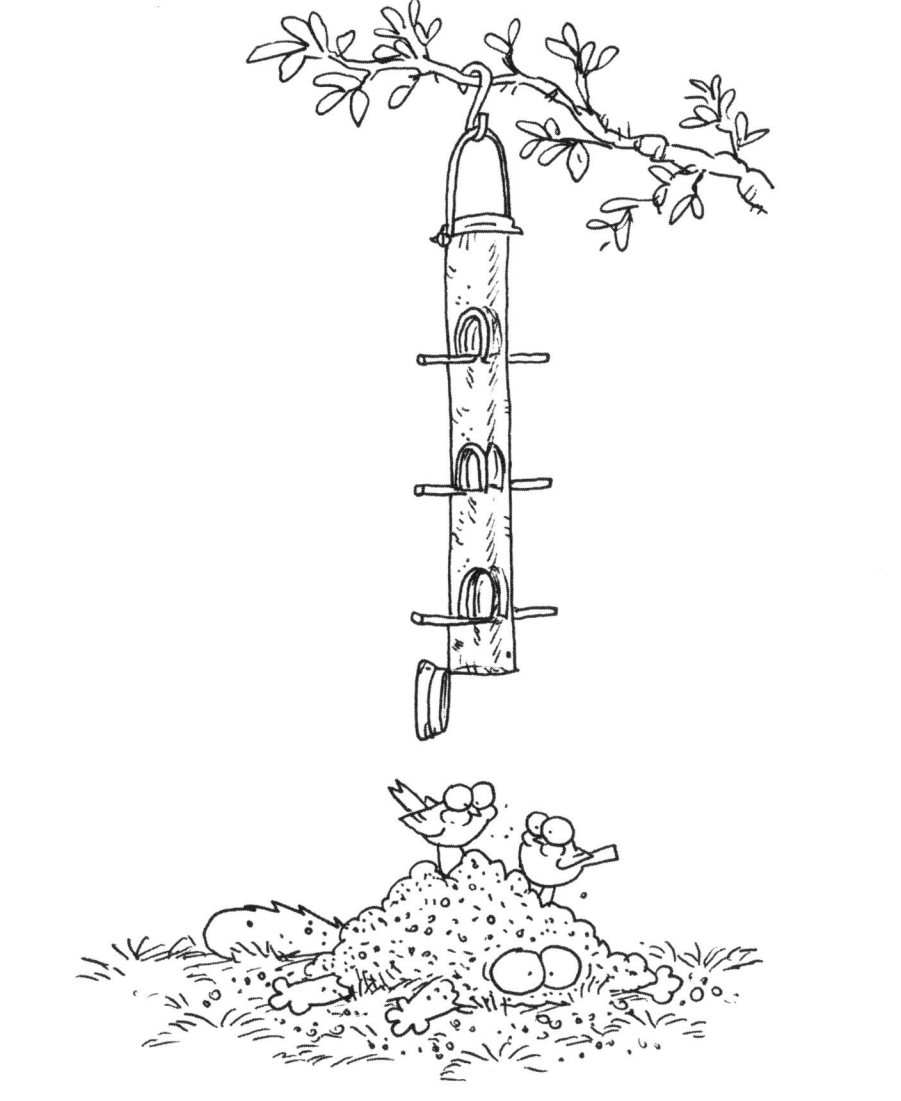

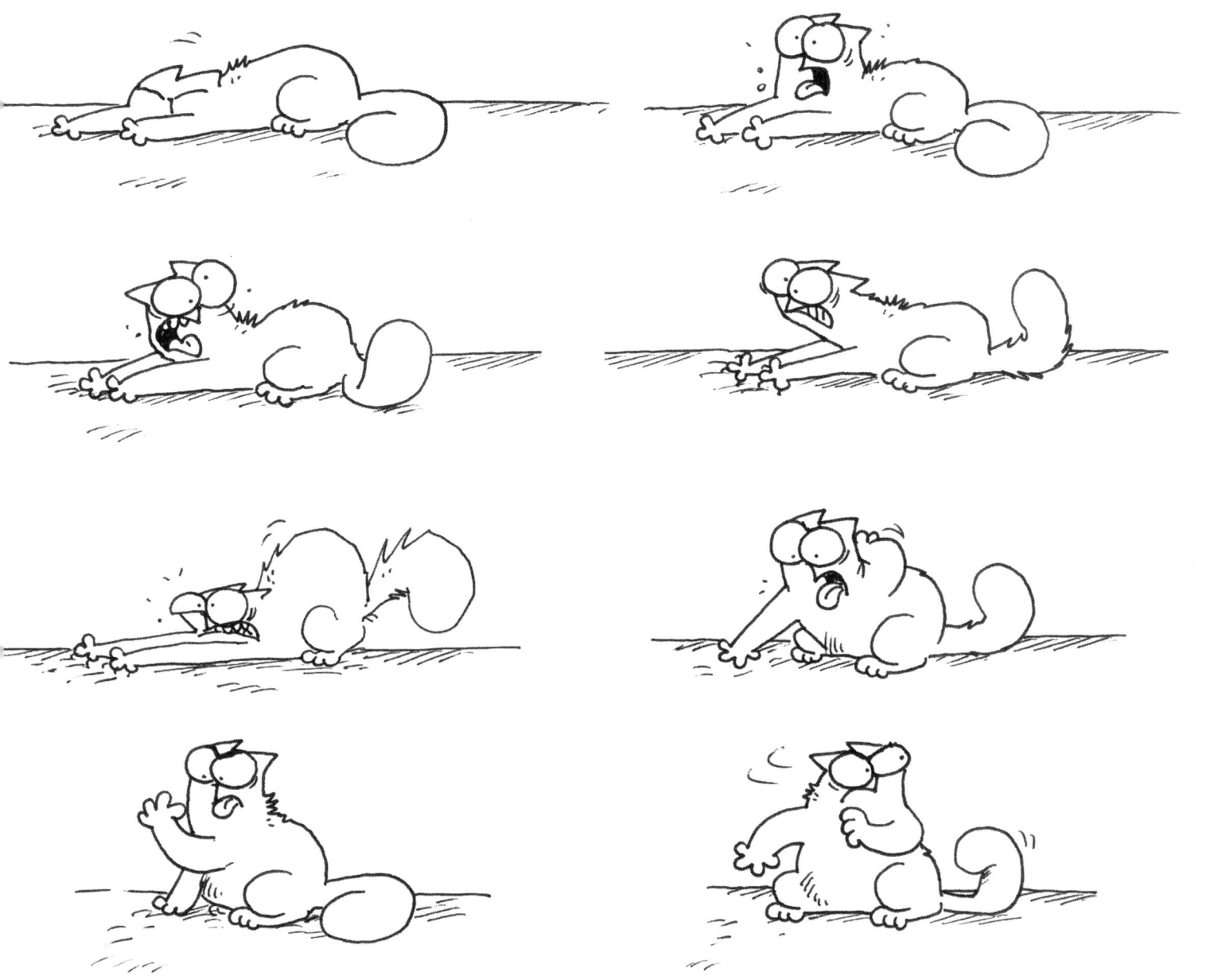

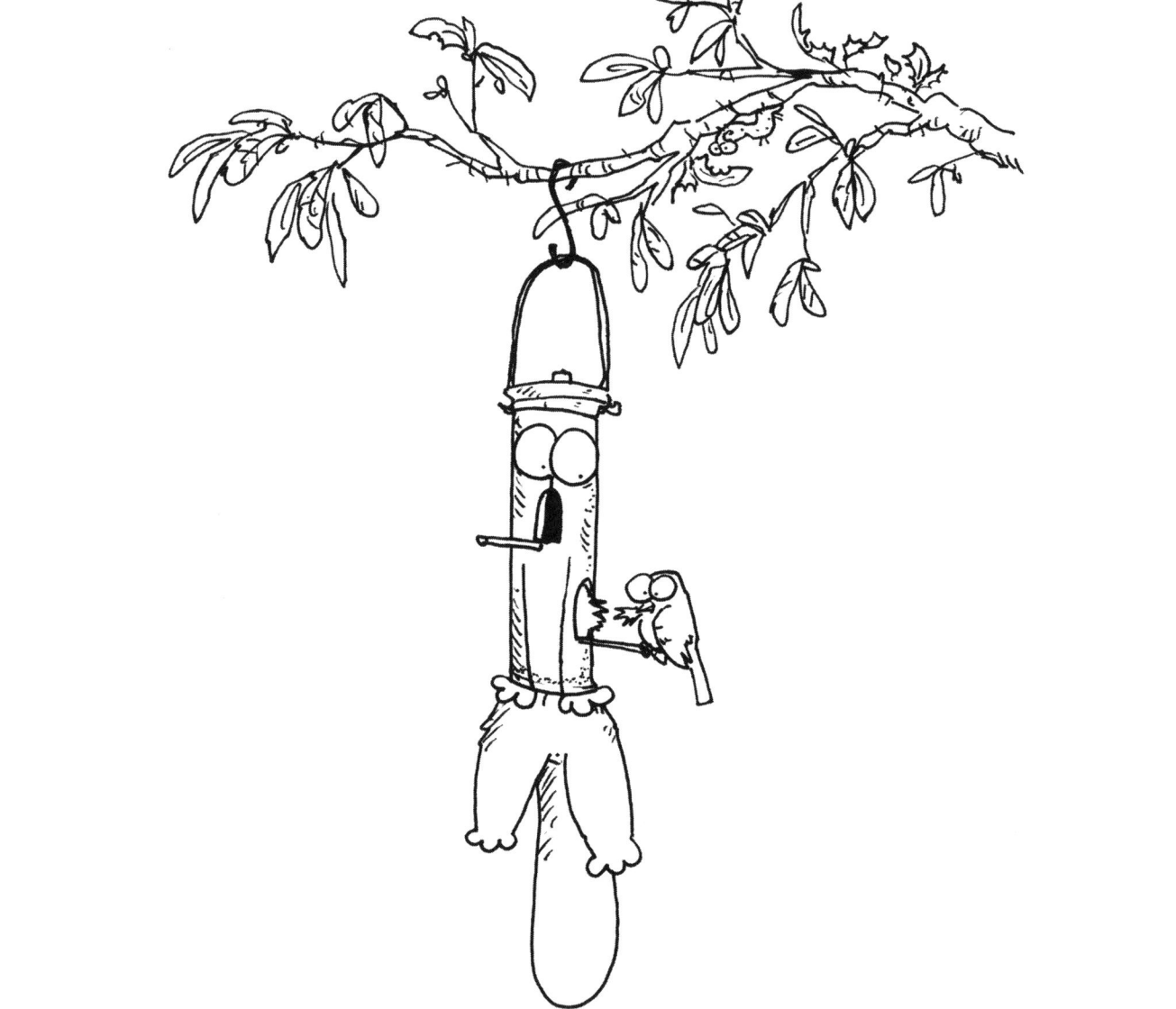

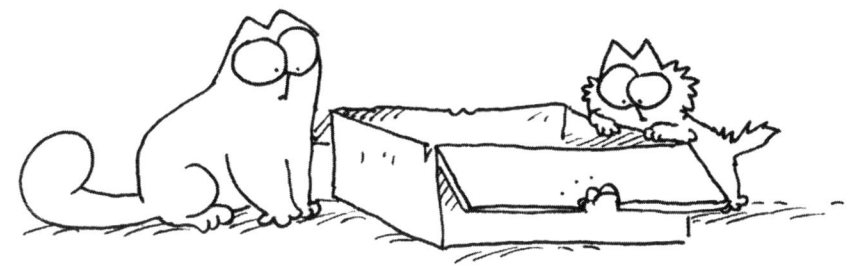

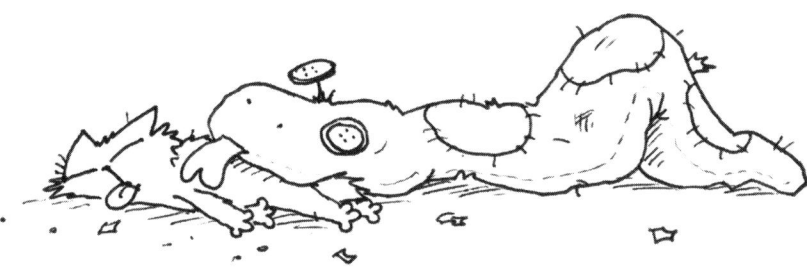

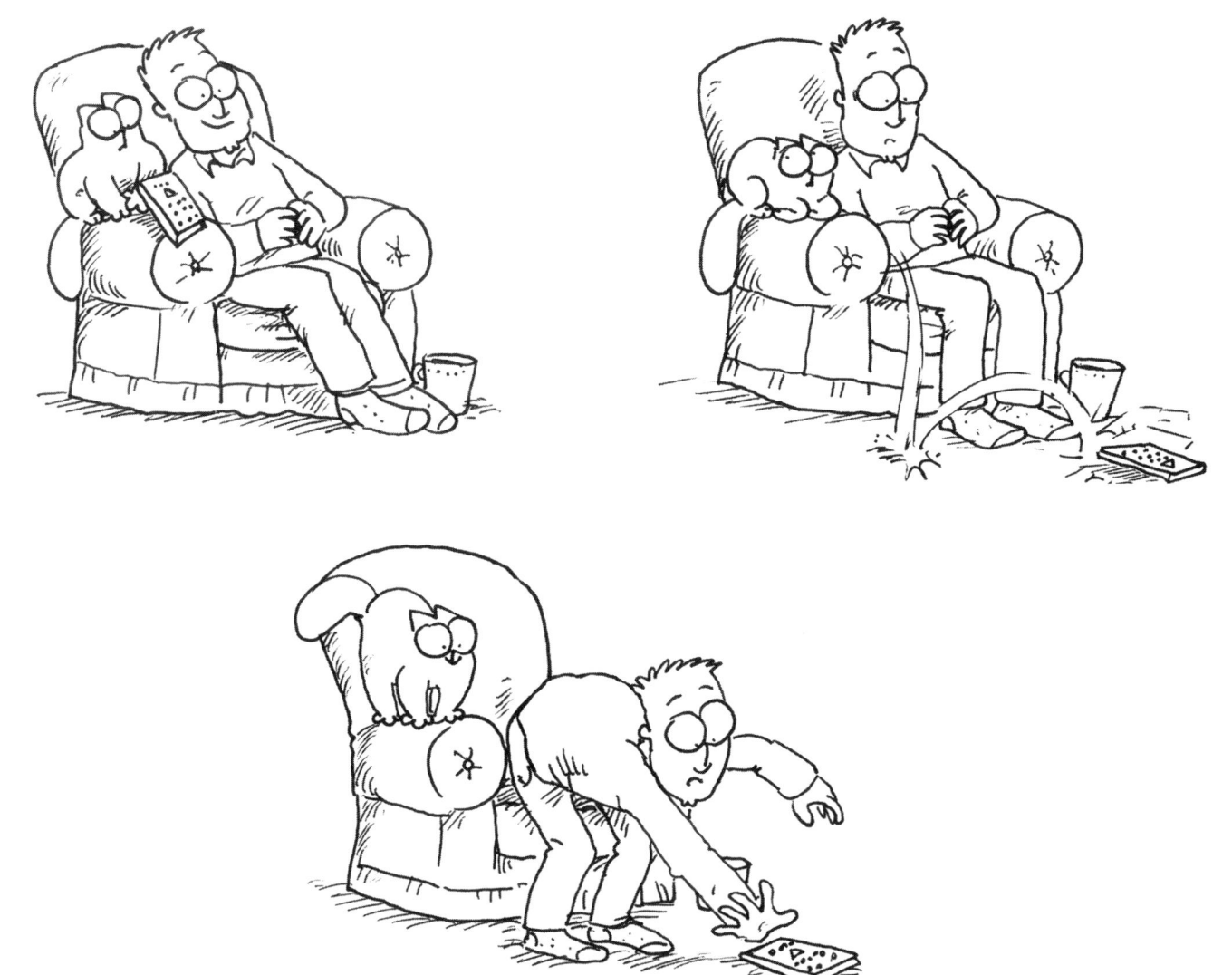

Simon Tofield ist ein preisgekrönter Zeichentrick- und Comickünstler.
Tiere faszinieren ihn schon seit seiner Kindheit, als sein Onkel ihm einen
kleinen Gartenteich anlegte, der sich rasch mit allerlei Getier füllte.
Seine erste Katze bekam Simon im Alter von neun Jahren. Heute hat er
vier Katzen aus dem Tierheim, die ihm unermüdlich Ideen für seine
Cartoons liefern, ob er will oder nicht.

Danksagung

Ein großes Dankeschön an meine Simon's Cat Mannschaft
Zoë Tofield, Edwin Eckford, Christine Dunsby, Jenny Lord
und das Canongate Team. Natürlich ebenso an meine
Mieze-Musen Jess, Maisy, Hugh und Teddy.

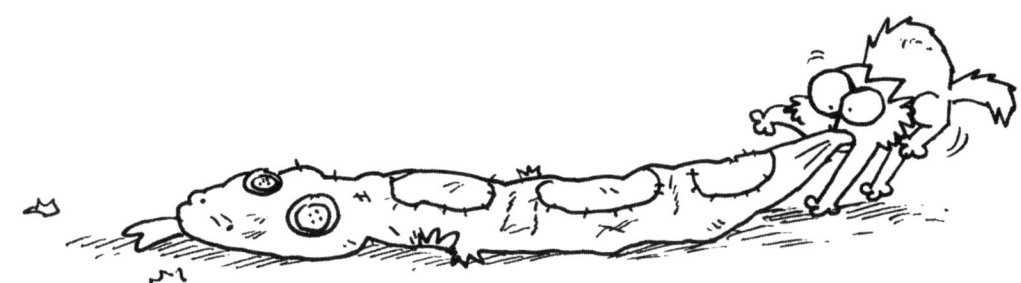